Weisheiten der Welt zur

Liebe

Herausgegeben und fotografiert von
Maria Luise Butt

Kaufmann Verlag

Die Summe unseres Lebens sind die Stunden,
in denen wir liebten.

Wilhelm Busch

Die Liebe ist ein Ring
und ein Ring hat kein Ende.

Aus Russland

werden
einer
Essig.
Sollte
Stück
oder
und

Liebe ist eine süße Falle,
aus der sich keiner ohne Tränen befreien kann.

Eric Berne

Nicht die Gabe ist kostbar,
sondern die Liebe, mit der sie gegeben wird.

Aus China

Der Flirt ist das Aquarell der Liebe.

Paul Bourget

Mit Zorn und Hass
reißt man alles nieder.
Mit Geduld und Liebe aber
baut man aus Nichts
einen Tempel.

Aus Vietnam

Ein Tropfen Liebe ist mehr als ein Ozean Verstand.

Blaise Pascal

Bevor der Verstand sich entschließt,
einen Schritt zu tun,
hat die Liebe den siebenten Himmel erreicht.

Dschelal ed-Din Rumi

Der Zank in der Ehe ist die Schneedecke,
unter der sich die Liebe warm hält.

Jean Paul

Liebe ist, wenn du trotzdem allein sein kannst.

Andreas Domke

Liebe ist das große Amulett,
das diese Welt in einen Garten verwandelt.

Robert Louis Stevenson

Die Liebe ist die Brücke,
die uns zusammenführt.

Gerhard Kiefer

Mit Liebe ist es wie mit einer Suppe:
Die ersten Löffel sind immer zu heiß
und die Letzten zu kalt.

Jean-Michel Moreau

Eifersucht ist Beschämung,
darum ist es eine einsame Leidenschaft.

Rahel Varnhagen

Liebe ist stets der Anfang des Wissens,
so wie Feuer der Anfang des Lichts ist.

Thomas Carlyle

Alle Liebe hat einen großen Weg vor sich,
der Hass steht immer vor einer Wand.

Ludwig Reeg

Liebe ist das allgemeine Band,
das alle Wesen im Universum an- und
ineinander bindet und verwebt.

Franz von Baader

Auch mächtige Wasser
können die Liebe nicht löschen,
auch Ströme schwemmen
sie nicht hinweg.

Altes Testament

Wer nie im Zorn erglühte,
kennt auch die Liebe nicht.

Ernst Moritz Arndt

Die Liebe ist der Sommer im Herzen,
aber die Welt draußen ist winterlich.

Franz von Baader

Liebe und Geduld
sind durch tausend Meilen getrennt.

Aus Persien

In der Liebe ist alles richtig und alles falsch.
Es ist die einzige Angelegenheit,
von der sich Unsinniges
nicht sagen lässt.

Sébastien Chamfort

Liebe ist ein Glas, das zerbricht,
wenn man es zu unsicher
oder zu fest fasst.

Aus Russland

Der Mantel der Liebe bedeckt alle Fehler.

Jean Paul

Sich selbst zu lieben
ist der Beginn einer lebenslangen Romanze.

Oscar Wilde

Das Erste in der Liebe ist der Sinn füreinander,
und das Höchste der Glauben aneinander.

Friedrich Schlegel

Die Liebe ist der Stoff,
den die Natur gewebt
und die Fantasie bestickt hat.

Voltaire

Echte Liebesgeschichten
gehen nie zu Ende.

Marie von Ebner-Eschenbach

Die Vernunft kann nur reden.
Es ist die Liebe, die singt.

Joseph de Maistre

Liebe ist ein Käfig mit Gitterstäben aus Glück.

Claudia Cardinale

Weicher ist stärker als hart, Wasser stärker als Fels,
Liebe stärker als Gewalt.

Hermann Hesse

Leider ist es uns trotz aufwändiger Recherchen nicht gelungen, zu den „Weisheiten“ die Originalbücher, aus denen die Zitate stammen, und damit die Rechteinhaber ausfindig zu machen. Für Hinweise sind Verlag und Herausgeberin dankbar.

Bibliografische Information Der Deutschen Bibliothek
Die Deutsche Bibliothek verzeichnet diese Publikation in der Deutschen Nationalbibliografie; detaillierte bibliografische Daten sind im Internet über http://dnb.ddb.de abrufbar.

1. Auflage 2007

Umschlaggestaltung Stefan Heß und Rolf Zilling unter Verwendung eines Fotos von © Maria Luise Butt,
Innenlayout und Fotos von © Maria Luise Butt.
Printed and bound by Leo Paper, China
ISBN 978-3-7806-1152-9